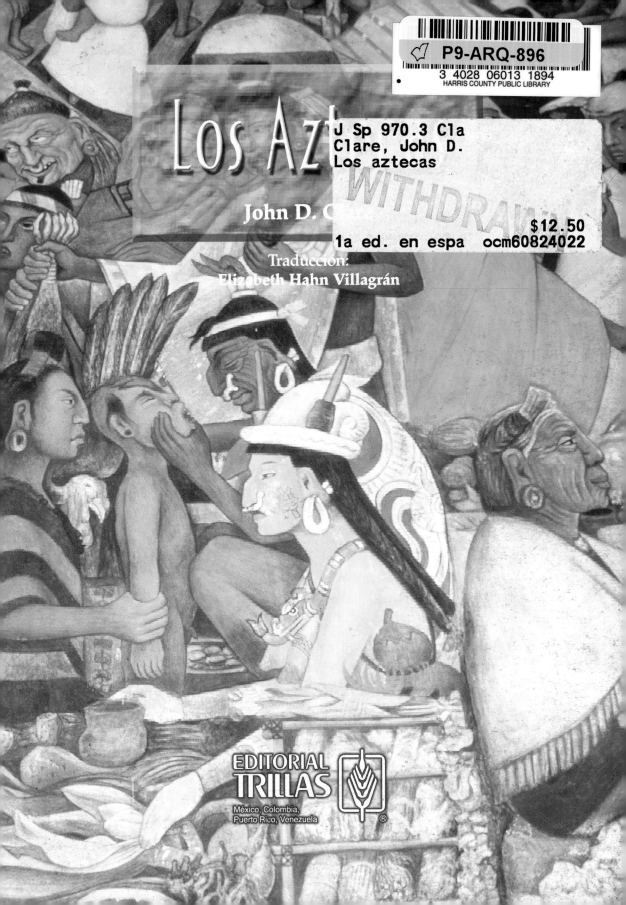

Los Azt...

John D. C...

Traducción:
Elizabeth Hahn Villagrán

EDITORIAL TRILLAS

México, Colombia,
Puerto Rico, Venezuela

¿QUIÉNES ERAN LOS AZTECAS?

UN SÍMBOLO DE BIENVENIDA

Los mexicas fueron nómadas durante muchos años, pero hacia el año 1300 se establecieron en un poblado denominado Culhuacán. Ahí sacrificaron a la hija de un aristócrata local y la desollaron. Horrorizados, los habitantes locales los expulsaron, de modo que huyeron hacia una laguna cercana. Al día siguiente, vieron la señal que estaban esperando: un águila, sobre un nopal, devorando una serpiente. Se establecieron sobre la laguna y construyeron la ciudad de Tenochtitlan.

En su esplendor en 1519, el imperio azteca abarcaba 200 000 kilómetros cuadrados de territorio y tenía por lo menos tres millones de habitantes, que hablaban más de 20 lenguas diferentes. Tenochtitlan, la capital, era una de las ciudades más grandes y más bellas del mundo. Los aztecas nunca se llamaron a sí mismos aztecas (aunque así los denominaremos en este libro). Ellos eran los mexicas: despiadados, nómadas parcialmente civilizados que invadieron el área que en la actualidad conocemos como México hacia el año 1100. No fue sino hasta 1325 que llegaron a establecerse en Tenochtitlan ("Lugar del tunal de piedra"). La cultura azteca creció, floreció y se extinguió en menos de dos siglos. Los aztecas nunca perdieron su naturaleza violenta, rigieron un imperio que era una tiranía opresiva y sanguinaria. Su cultura era, en palabras de un español, "Una masacre sin paralelo en la historia".

IDENTIDAD CAMBIADA

A Itzcóatl le desagradaba la idea de que su pueblo era nómada y bárbaro por lo que destruyó todos los textos que lo afirmaban. A cambio, los aztecas declararon que originalmente provenían del mismo lugar que los toltecas, un lugar que denominaron Aztlán. Ahí, según narran sus leyendas, Huitzilopochtli, el dios de la guerra (mostrado a la derecha), les dijo que debían viajar para encontrar un nuevo hogar. El dios les dijo que sabrían que habían encontrado ese lugar cuando vieran un águila parada sobre un nopal, devorando una serpiente.

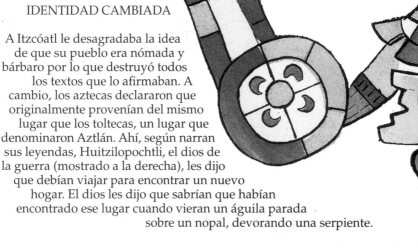

BELLEZA FEROZ

Los historiadores se encuentran intrigados por la cultura azteca. En ciertos aspectos era colorida y hermosa, pero en otros era sangrienta y bárbara. Esta máscara de turquesa tiene una bella manufactura, pero tenía un propósito sangriento. Se utilizaba en una ceremonia religiosa azteca y lo más probable era que la persona que la portara, ¡fuese sacrificada y devorada!

TEMPLOS TOLTECAS

Cuando los aztecas emigraron a México, encontraron los restos de civilizaciones pasadas. Descubrieron las ruinas de templos toltecas, que contenían enormes estatuas, como la que se muestra aquí, que está en Tula, la capital tolteca. Dicha arquitectura asombró a los aztecas, quienes decidieron copiar los hábitos de este pueblo ancestral. En 1427, le pidieron a Itzcóatl, un príncipe de la región que afirmaba ser descendiente de los toltecas, que los gobernara.

EXPANSIÓN AZTECA

En Tenochtitlan no había tierras de labranza, madera o piedra, pero había sal y agua, y además había aves, peces y ranas para comer. Lentamente, los aztecas adquirieron mayor poder y conquistaron a los pueblos vecinos. A los aztecas les agradaba creer que tenían un gran imperio, pero nunca fueron todopoderosos. Gobernaban con la ayuda de otras dos ciudades, Texcoco y Tlacopan, y hubo pueblos que nunca lograron conquistar. Esta imagen muestra guerreros de Tlaxcala repeliendo exitosamente un ataque azteca.

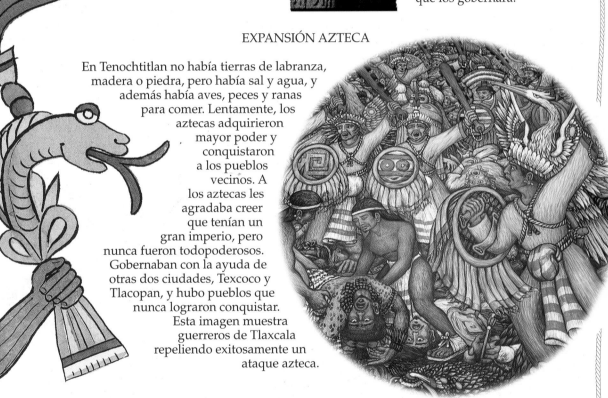

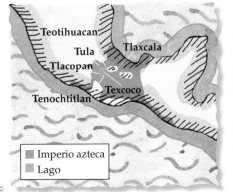

EL IMPERIO AZTECA

Este mapa muestra el imperio azteca en su máximo esplendor. Los aztecas gobernaban directamente sobre el Valle de México, en los alrededores de Tenochtitlan, pero también dominaban a tribus vecinas. Los aztecas permitían que los líderes tribales siguieran gobernando sus pueblos, pero exigían a cambio grandes tributos.

■ Imperio azteca
■ Lago

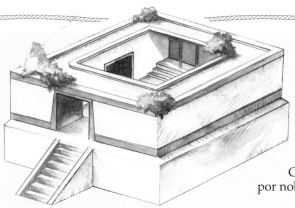

LA CASA DE UN NOBLE

Los nobles representaban una porción muy pequeña de la sociedad azteca. Era un grupo muy elitista con privilegios especiales y era protegido ferozmente por la ley. Por ejemplo, sólo los nobles podían vivir en casas de dos pisos. Cualquier plebeyo que osara hacerse pasar por noble era sentenciado a muerte.

MITOLOGÍA DORADA

Se esperaba que un noble fuera modesto, religioso y apegado a las viejas tradiciones. Sin embargo, las estrictas leyes existentes contra los nobles adúlteros y ebrios demuestran que quizá algunos elegían comportarse de forma más imprudente. La mitología expresada en este ornamento de oro quizá ofrezca un indicio de por qué lo hacían. Muestra a Mictlantecuhtli, señor de los muertos, quien se creía gobernaba el inframundo. Las almas que llegaban al reino de Mictlantecuhtli eran destruidas para siempre, de modo que algunos nobles decidieron, en las palabras de un poema azteca: "¡Ahora gocemos y cantemos... sólo una vez pasamos por la tierra!"

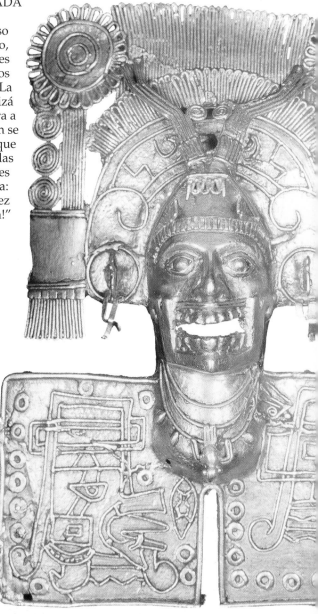

EL PALACIO DE MOCTEZUMA

Este dibujo azteca muestra el palacio de Moctezuma en Tenochtitlan. Dentro, Moctezuma permanece sentado solo en la sala del trono, mientras que, debajo, se encuentran las salas de juntas de sus generales (izquierda) y sus consejeros (derecha). Los funcionarios (*tecuhtli*) de Moctezuma recibían como retribución por su trabajo imponentes casas, tierras, grandes salarios y se les exentaba de pagar tributo. El más importante de todos era un hombre llamado *cihuacóatl*, o mujer serpiente (nombrado en honor a una importante diosa de la fertilidad). Era una especie de primer ministro que se ocupaba de los asuntos cotidianos del gobierno. En el imperio azteca, sólo los nobles (los *pipiltin*) podían adquirir el rango de funcionarios gubernamentales.

LA VIDA DE LOS RICOS

os aztecas conquistaron muchas ciudades, que eran obligadas a pagar tributo. Esto significaba que muchos bienes circulaban por todo Tenochtitlan, como mantas, trajes militares, cuentas, plumas, tintes, oro, algodón, pimientos y especias, sacos de maíz y granos de cacao, sal y muchas otras cosas. Algunos de éstos eran utilizados en ceremonias públicas, algunos eran proporcionados a los nobles o entregados a los comerciantes de la región, quienes los intercambiaban por otros bienes. En poco tiempo, Tenochtitlan se convirtió en una ciudad muy rica.

MOCTEZUMA II

A la cabeza de la sociedad azteca se encontraba el *tlatoani*. Era rey, gran sacerdote y comandante del ejército. En 1502, Moctezuma II se convirtió en el octavo tlatoani de Tenochtitlan. Los nobles que acudían a verlo debían despojarse de su ropa fina y colocarse mantas baratas. Debían entrar descalzos, con la mirada baja y hacer tres reverencias diciendo: "¡Señor, mi señor, mi gran señor!" No se volvían de espaldas para salir, sino que retrocedían de frente a él pero con los ojos clavados en el suelo. Moctezuma II fue asesinado en 1520.

UN NOBLE

El rango de nobleza era hereditario. La única forma alternativa en que se podía alcanzar la nobleza era si el tlatoani ascendía a un gran guerrero a la posición de Caballero Águila o Jaguar (véase la página 23), pero Moctezuma II puso fin a ese recurso.

MATRÍCULA DE TRIBUTOS

La *matrícula de tributos* mostraba la cantidad y el tipo de impuestos que debían pagar los pueblos sometidos a la capital azteca. Los aztecas utilizaban símbolos que representaban números: un punto representaba el número 1, una bandera representaba el número 20 y una pluma representaba el número 400. Los diversos símbolos ilustraban el tipo de bienes que debían enviarse a Tenochtitlan.

LA VIDA DE LOS POBRES

DIOSES DOMÉSTICOS

En cada hogar, la madre elaboraba un altar con un montículo de masa para imitar las pirámides sagradas (véanse las páginas 30 y 31). Ahí quemaba incienso y ofrecía comida para representar los rituales del templo. Es posible que estas estatuillas representaran a dioses, pero con frecuencia se les ha encontrado con la cabeza deliberadamente arrancada, por lo que quizá simbolizaran víctimas que eran "sacrificadas" en el altar doméstico.

La sociedad azteca mantenía un estricto sistema de clasificación social. El tlatoani se encontraba en la parte superior, seguido por los *pipiltin* (nobles), y finalmente por los *macehualtin* (gente del pueblo). Los macehualtin eran libres, aunque la palabra significa "súbditos". Se encontraban organizados en *calpullis* (barrios) de alrededor de 100 hogares. Cada calpulli contaba con un consejo de patriarcas que mantenían el registro de los ciudadanos, distribuía la tierra y recaudaba los tributos. Los aztecas consideraban que un muchacho se convertía en hombre a los 20 años de edad. Entonces se esperaba que se casara, tras lo cual él y su esposa eran registrados como ciudadanos. Nada cambiaba; la gente permanecía en la clase en que nacía y a los niños aztecas se les hacía un corte en el pecho que señalaba de qué calpulli venía. Los aztecas eran violentos y belicosos contra otras tribus, pero dentro de su sociedad obedecían las reglas.

VIVIENDAS DE CAMPESINOS

Las viviendas de los campesinos aztecas eran construidas en grupos de hasta cinco y se encontraban organizadas una frente a la otra, alrededor de un patio. Tenían muros de ladrillos de lodo y techos de paja con hojas de plantas de maguey. En una casa habitaban entre cinco y ocho personas de una o dos familias. Las casas eran tan pequeñas que la mayoría de las actividades, como cocinar y comer, hilar, moler maíz y socializar, debían llevarse a cabo en el exterior.

ESCLAVOS

En el estrato más bajo de la sociedad se encontraban los esclavos (los *tlacotin*). Los esclavos eran dados como tributo por las ciudades conquistadas. Eran delincuentes cuyo castigo era ser reducidos a la esclavitud. En ocasiones, los campesinos, arruinados por la bebida, el juego o el infortunio, se vendían a sí mismos como esclavos a cambio de un préstamo para el resto de la familia. Los esclavos sólo podían ser vendidos si eran holgazanes; pero si esto ocurría por tercera ocasión, ¡eran vendidos al templo para su sacrificio! Esta imagen representa a Chalchiuhtlicue, diosa del agua, siendo atendida por esclavos.

POSESIONES DE LOS CAMPESINOS

Las familias pobres no tenían mobiliario y sólo poseían ropa sencilla. Sus pocas pertenencias eran un metate para moler maíz, algunas vasijas y un petate para dormir. Sin embargo, en tiempos recientes, los arqueólogos desenterraron grandes pilas de escombros fuera de las casas de campesinos, donde se descubrió cerámica importada, cuchillos de obsidiana, piedras para moler e incluso broches de bronce. Es posible que los campesinos hayan sido pobres, pero debido a que había trabajo y fluía gran cantidad de dinero en el imperio, pocos se encontraban en la indigencia.

UNA VIDA DIFÍCIL

Los macehualtin producían comida, construían caminos, templos y palacios y hacían trabajos adicionales para la nobleza. Pagaban tributo a los funcionarios del gobierno para dar mantenimiento a templos y escuelas y daban aportaciones para ayudar a las viudas y a los huérfanos. La mitad de los ingresos de Moctezuma provenían de los macehualtin. A los macehualtin no se les permitía usar ropa fina, sin embargo, este campesino sentado que viste sólo su taparrabo luce contento.

VASIJAS INDISPENSABLES

Incluso las familias aztecas más pobres necesitaban vasijas: una jarra para el agua, un tazón para remojar el maíz, una hornilla plana para cocinar, depósitos para almacenar, platos, tazas y por lo menos un molcajete de tres patas con incisiones entrecruzadas en el fondo para moler chiles.

ALIMENTOS Y BEBIDAS

ALIMENTOS FAVORITOS

Los aztecas comían una gama de alimentos bastante amplia. Entre los favoritos se encontraban frijol, camote, aguacate, maíz, calabacita, chile, pimientos rojo, amarillo y verde, jitomate, hongos, pato, pescado, conejo y caracoles.

Los aztecas eran campesinos experimentados. La mayoría de las casas contaba con un gran jardín (el *calmil*), y el tlatoani incluso tenía un jardín botánico, donde sus esclavos cultivaban diversas plantas, como flores tropicales y árboles de cacao. No había caballos, bueyes, carretas o arados, de modo que todo tenía que hacerse a mano. En las colinas los aztecas construyeron algunos muros y crearon terrazas planas para cultivar. En los valles cálidos, construyeron acueductos para traer agua desde las montañas. El tlatoani controlaba toda el agua, razón por la cual era tan poderoso. La alimentación de los aztecas incluía artículos que parecen asombrosamente modernos, como palomitas de maíz, chocolate caliente y cacahuates tostados. No obstante, el alimento no era abundante y los cronistas españoles escribieron que los aztecas comían "menos que nadie en el mundo". El canibalismo ritual era tan común que algunos historiadores piensan que la carne humana era un elemento importante de la dieta de los aztecas.

COPA DE PULQUE

La ley prohibía la ebriedad a todos, excepto a las ancianas, pero durante las bodas, a la gente se le permitía animarse con pulque, bebida alcohólica producto de la fermentación de la savia del maguey (véase la página opuesta). Sólo los ricos podían comprar *chocolatl*, una bebida que se obtenía hirviendo granos de cacao con miel. Algunos aztecas ricos también fumaban tabaco, apretándose la nariz e inhalando el humo. A Moctezuma (véase la página 4) le agradaba terminar cada día con una taza de chocolate y fumando. Algunos aztecas consumían *peyotl* (brote de cactus) y *teonanacatl* (hongo negro y ácido), drogas que provocan alucinaciones.

CULTIVO DEL MAÍZ

El maíz era el alimento principal de la dieta azteca y era sembrado en mayo. El campesino hacía hoyos con una estaca llamada coa y en cada uno depositaba semillas. En julio se cosechaban los elotes y en septiembre las mazorcas para desgranar. El maíz era cocido y molido para convertirlo en masa con la que se hacían tortillas, que, cocidas en un comal, acompañaban los alimentos.

CHINAMPAS

En las lagunas cercanas a Tenochtitlan, los aztecas extraían lodo del fondo de un lago y lo apilaban para crear islotes fértiles denominados chinampas. A lo largo de los bordes, plantaban sauces para crear riberas sólidas. El lago también era una buena fuente de pescado, aves acuáticas e incluso algas verdiazules, con las que se hacían pastelillos.

EL MAGUEY

El maguey era muy importante para los aztecas. Su resistente escapo servía como leña o era usado como estaca para cercar. Sus hojas se usaban como combustible para fogatas y también para techar. Las fibras de la hoja se utilizaban para fabricar la áspera tela usada por los campesinos y también para elaborar cordón, papel, sandalias, redes, bolsas o mantas. La savia del maguey era utilizada para elaborar aguamiel o pulque, y las espinas eran usadas como clavos y agujas perfectas. ¡Hasta los gusanos que se comían las hojas eran un delicioso manjar!

ALIMENTOS DE LOS DIOSES

Los aztecas creían que los alimentos eran proporcionados por los dioses y celebraban tres festivales para ayudar al maíz a crecer. En mayo, la semilla era bendecida en el templo de Chicomecóatl, diosa de las semillas, vista aquí con una de sus doncellas. En julio, los elotes eran ofrecidos a Xilonen, diosa del maíz. En septiembre se celebraba un festival de la cosecha, en donde una sacerdotisa vestida como Chicomecóatl lanzaba granos secos a la multitud. La gente intentaba atrapar algunos con el fin de agregarlos a los que guardaba para la siembra del año siguiente.

PASATIEMPOS

CEREMONIA DEL VOLADOR

En esta ceremonia religiosa, cuatro hombres se disfrazaban de aves, pues se creía que los dioses podían adoptar esa forma. Los hombres giraban, colgados de los pies, alrededor de un poste y la cuerda se desenrollaba de manera gradual y descendente. La longitud de la cuerda se calculaba de tal manera que cada uno llegara al suelo en exactamente 13 vueltas. La ceremonia representaba la unificación de los dos calendarios aztecas, que ocurría cada 52 años (véase la página 27).

Para los aztecas, la religión no sólo era importante, sino fundamental en toda su existencia. Aunque no estuvieran trabajando, todo lo que hacían tenía un significado religioso. Los aztecas no llevaban a cabo actividades recreativas como lo hacemos en la actualidad (sólo con fines de entretenimiento). Los aztecas adultos disfrutaban con los festivales y juegos que se describen aquí, pero su propósito no era nada más pasar un buen rato. Todo lo que hacían tenía un significado y estaba diseñado para cumplir la voluntad de los dioses.

ORQUESTA AZTECA

La mayoría de la música de los aztecas eran cantos comunitarios y llevar el ritmo golpeando el suelo. El instrumento principal era el tambor vertical denominado *huéhuetl* y su nombre nos da una pista del sonido que emitía. Otro instrumento importante era el *teponaztli*, un tambor redondo horizontal de dos tonos que era golpeado con dos palos rematados con caucho.

TIEMPO DE RECREO

A los niños aztecas sólo se les permitía jugar con juguetes hasta la edad de tres o cuatro años. A partir de esta edad, los niños comenzaban a acarrear agua y las niñas comenzaban a ayudar a sus madres en las labores domésticas.

POESÍA DE LA VIDA

El idioma de los aztecas era el náhuatl. La palabra náhuatl para la poesía significaba "flor y canto". La mayor parte de la poesía azteca estaba dedicada al dios Tezcatlipoca, dador y aniquilador de la vida, y en muchos poemas se encuentran entrelazadas las ideas de flores, canto, vida y muerte:

"Brotas de la flor y el canto;
Dispersas las flores, las destruyes."

Este dibujo muestra a Xochipilli, dios de la música, la poesía, la danza y las flores. La palabra náhuatl *xochitl* significa "flor".

EL JUEGO DE PELOTA

El *tlachtli*, o juego de pelota, tenía una significación mitológica y religiosa. Los jugadores usaban las caderas y las rodillas para golpear una pesada pelota de caucho. Si un jugador pasaba la pelota a través de unos aros de piedra colocados en los muros laterales del campo, ganaba en ese instante y, en ocasiones, el contrincante era sacrificado. El juego tenía fines oraculares y sólo era practicado por los nobles, aunque podían asistir espectadores de todas las clases. Los aztecas creían que la cancha, en forma de I, representaba al mundo, y la pelota a un astro, el Sol o la Luna. El cielo es un tlachtli divino donde los dioses juegan a la pelota con los astros.

PATOLLI

El *patolli* era un juego de tablero. Los jugadores utilizaban frijoles con puntos como dados para avanzar, piedrecillas de colores y el propósito era regresar al cuadro de partida. El tablero tenía 52 casillas, o sea, el número de años del ciclo adivinatorio y solar. La ilustración muestra una partida de patolli observada por Macuilxóchitl, dios de las plantas y de la diversión.

ESTILOS DE PEINADO

A las mujeres aztecas les encantaba adornarse el cabello y se lo teñían de negro con lodo o de azul violeta profundo usando índigo. El peinado común consistía en dos trenzas llevadas hacia la parte frontal de la cabeza y atadas sobre la frente. Sin embargo, la diosa azteca de la imagen muestra el cabello recogido en chongos a los lados de la cabeza y lleva una diadema trenzada. Para los hombres también era importante el peinado. Los chicos entre 10 y 15 años se rasuraban la cabeza, dejándose únicamente una coleta en la nuca. Sólo podían cortarse esa coleta cuando capturaran a su primer prisionero en la guerra.

ESPEJO PARA MAQUILLARSE

Este espejo está hecho de obsidiana, cristal volcánico de color negro. Los padres aztecas aconsejaban a sus hijas que no se obsesionaran con su aspecto físico ni usaran maquillaje, ¡pero los ignoraban! En lugar de resaltar la belleza natural, las aztecas utilizaban el maquillaje para obtener un efecto más dramático. Se pintaban el rostro y todo el cuerpo de color rojo, amarillo, azul o verde. Para las mujeres aztecas, el color de tez preferido era el amarillo y se frotaban el rostro con *axin*, un ungüento elaborado con insectos molidos. También se pigmentaban los dientes de rojo brillante y se untaban aceites aromáticos en los pies.

VESTIMENTA DE LA NOBLEZA

Este noble porta una colorida manta (*tilmatli*) de algodón, un taparrabo decorado, sandalias y un costoso collar. En ocasiones, los ricos usaban muchas mantas, una sobre la otra, para ostentar su riqueza.

PLUMAS FINAS

Las plumas eran una parte tan importante de la indumentaria de un noble que aparecen en casi toda la matrícula de tributos (véase la página 5). El oficio del arte plumario era una industria muy importante. Esta fotografía muestra el penacho de Moctezuma. Las plumas eran encajadas en tubos de junco y se les unía cosiéndolas con hilo de fibras de maguey.

MODA

os aztecas no tenían un concepto de moda como el que poseemos en la actualidad: verse atractivo o moderno. En el imperio azteca, el vestido, como todo lo demás, tenía un significado: indicaba al mundo acerca de la riqueza o el nivel social. Los macehualtin incluso tenían prohibido utilizar mantas coloridas, prendas de algodón o joyería de oro. Si una persona utilizaba una manta más larga de lo que permitía la ley, otros le podían ver las piernas: si éstas mostraban cicatrices de guerra, el asunto era ignorado, pero si no era así, era sentenciado a muerte. La mayoría de la gente pobre sólo usaba un taparrabo; si podían costear una manta, ésta debía ser de una tela áspera y sin color, elaborada con fibras de maguey. En otro extremo de la escala social, únicamente los tlatoani podían usar ropa o joyería color turquesa.

ALGODÓN VERSÁTIL

El algodón no podía cultivarse en Tenochtitlan, de manera que era obtenido en las tierras bajas. Además de ser un importante material para la elaboración de ropa, el algodón era utilizado para manufacturar sábanas, bolsas, tapices, indumentaria de guerra y mortajas.

JOYERÍA

Los aztecas nobles portaban la mayor cantidad de joyería posible: aros para los labios, tapones para la nariz y aretes de oro y piedras preciosas. Este arete está constituido por un cráneo de oro y cascabeles.

LA CANTERÍA DE TEOTIHUACAN

Quinientos años antes de la llegada de los aztecas, existía una gran ciudad en el Valle de México. Se denominaba Teotihuacan y se encontraba situada a 40 kilómetros al norte de Tenochtitlan. Cuando los aztecas emigraron hacia México, vieron las ruinas de la ciudad y se impresionaron tanto que decidieron nombrarla "ciudad de los dioses". Adoptaron muchos aspectos de Teotihuacan, como sus pirámides, la disposición reticular de sus calles, a sus dioses Tláloc y Quetzalcóatl y la práctica del sacrificio humano. Los nobles y los ricos aztecas decoraban sus palacios con tallas de piedra (como la mostrada en esta fotografía), copiado de la cantería de Teotihuacan.

EL TEMPLO MAYOR

Esta ilustración muestra el Templo Mayor de Tenochti

Éste era el templo principal, con adoratorios gemelos de Tláloc, el dios del agua (a la izquierda), y de Huitzilopochtli, el dios de la guerra (a la derecha).

UNA DIOSA ESCALOFRIANTE

Esta estatua representa a la impresionante diosa Coatlicue, madre de Huitzilopochtli (dios de la guerra), de modo que su simbolismo es escalofriante. Porta un collar elaborado con un cráneo, manos mutiladas y corazones humanos, su falda es una masa enorme de serpientes contorsionándose y sus pies son enormes garras de animales. Sin embargo, sus senos se encuentran descubiertos y, en el lugar donde su cabeza ha sido cercenada, brota sangre en la forma de serpientes. Estos detalles muestran el poder de la naturaleza para castigar, pero también para nutrir.

El templo de Quetzalcóatl (dios de los sacerdotes) se encuentra en el centro, con plantas semicirculares semejando a una serpiente enroscada.

Viviendas de los sacerdotes. Este edificio albergaba también el calmécac (véase la página 20).

ARTE Y ARQUITECTURA

CANTEROS

Los canteros aztecas podían cortar bloques de piedra de 40 toneladas introduciendo cuñas de madera en las ranuras de la piedra. Entonces, equipos de trabajadores las arrastraban hasta el área de construcción, en donde las pulían y utilizaban cinceles de metal para grabar los detalles.

E l arte y la arquitectura azteca fueron diseñados para recordar a la gente el poder de los dioses y la fortaleza del imperio azteca. Hacia 1500, la capital azteca denominada Tenochtitlan tuvo que ser reconstruida pues fue destruida por una inundación. Se convirtió en una ciudad diseñada para impresionar a los extranjeros. El acceso a Tenochtitlan era mediante tres calzadas elevadas que cruzaban la laguna desde tierra firme. La calle principal atravesaba del este al oeste, reflejando el paso del Sol a través del cielo. Los aztecas pensaban que su ciudad era el centro de la Tierra y este poema refleja su sentido de logro: "Orgullosa de sí misma se levanta la ciudad de México-Tenochtitlan. Ésta es tu gloria, ¡Oh Dador de la vida! Tenedlo presente, oh príncipes, no lo olvidéis. ¿Quién podrá sitiar a Tenochtitlan? ¿Quién podrá conmover los cimientos del cielo...?"

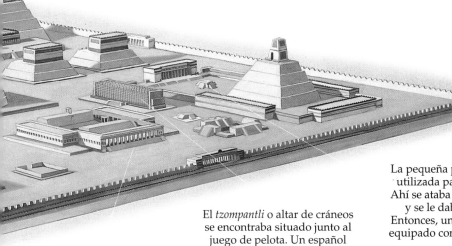

El *tzompantli* o altar de cráneos se encontraba situado junto al juego de pelota. Un español calculó que la repisa contenía alrededor de 136 000 cráneos de víctimas sacrificadas.

La pequeña plataforma de la derecha era utilizada para el sacrificio gladiatorio. Ahí se ataba a algún guerrero capturado y se le daba un garrote de madera. Entonces, un guerrero azteca totalmente equipado con armas peleaba con él hasta la muerte.

El campo de tlachtli (véase la página 11) se encontraba situada junto al templo de Quetzalcóatl.

CHAPULÍN

Este hermoso insecto era el símbolo de Chapultepec ("Cerro del Chapulín"), situado al poniente de Tenochtitlan. Los aztecas se asentaron ahí durante su época de nómadas (véase la página 3). Chapultepec también era importante para los aztecas debido a sus manantiales de agua dulce, la cual era llevada por un acueducto hacia Tenochtitlan.

SALUD Y MEDICINA

T enochtitlan no contaba con animales de trabajo y las casas de sus pobladores tenían una distancia considerable entre sí, de modo que era un lugar más sano para vivir que las ciudades europeas de la época. Los aztecas también gozaban de buenos estándares de higiene personal, algo inusual para aquella época. Se bañaban con frecuencia, usando las propiedades del fruto del *copal xócotl*, o "árbol de jabón". En su palacio, Moctezuma tenía una pileta cubierta, mientras que muchas familias comunes contaban con pequeños cuartos de baño.

MÉDICOS AZTECAS

Los médicos aztecas (chamanes) podían aplicar una gran gama de tratamientos, como masajear músculos dolorosos, detener hemorragias, coser heridas y reducir fracturas. Sin embargo, creían que aquello que causaba el malestar del paciente era un espíritu maligno, de modo que, al encasar un hueso, recitaban un hechizo.

Los aztecas se limpiaban los dientes usando sal y carbón pulverizado, pues sabían que de no hacerlo se les pudrirían los dientes. Si alguien se enfermaba, los aztecas contaban con médicos (o chamanes) que observaban los síntomas y luego prescribían una cura. Aunque la medicina azteca era rudimentaria, el conocimiento y las aptitudes de los médicos les permitieron curar a algunos españoles cuyas enfermedades habían frustrado a los médicos de su país.

DIOSES DE LA ENFERMEDAD

Los aztecas creían que la mayoría de las enfermedades eran castigos de los dioses, enviadas por portarse mal durante festivales. Esta fotografía muestra a Tláloc, dios del agua, de quien se creía enviaba enfermedades como la lepra y las úlceras mediante "aires" nefastos.

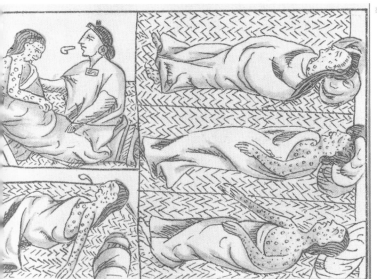

VIRUELA

Cuando los españoles llegaron a Tenochtitlan, trajeron consigo nuevas enfermedades, como la viruela, para la cual los aztecas no poseían inmunidad. Esto provocó la muerte de millones de aztecas en los años posteriores a la conquista española (véase la página 31).

PLANTAS MEDICINALES

Un buen médico azteca sabía cómo utilizar más de 1200 hierbas medicinales. Por ejemplo, para curar un dolor de garganta, el médico prescribía un masaje en esa zona con caucho líquido, seguido por un jarabe contra la tos hecho con miel y jarabe de maguey.

DESTINOS DESDE LA CUNA

Esta imagen muestra a la bella diosa Chalchiuhtlicue, hermana de Tláloc y diosa del agua limpia y del alumbramiento. Los aztecas creían que el destino de un niño dependía del día en que nacía y que algunos infantes estaban destinados a ser enfermizos mientras que otros siempre estarían sanos (véanse las páginas 20 y 21).

CURAS MÁGICAS

Con frecuencia, a fin de diagnosticar una enfermedad, los médicos administraban una dosis de *peyotl* (véase la página 8). Esto provocaba el delirio y los gritos del paciente, "revelando" así el origen de la enfermedad. Si se trataba de una enfermedad enviada por los dioses, procedía desagraviarlos haciéndoles ofrendas. Si la causa era la magia de algún enemigo, el *ticitl* (doctor hombre o mujer) frotaba la zona afectada del cuerpo, "extrayendo" una piedra o un gusano del cuerpo del paciente y declarando a éste curado.

AMOR Y MATRIMONIO

LA CEREMONIA NUPCIAL

En la sociedad azteca, los hombres contraían matrimonio después de los 20 años de edad y las mujeres desde los 14 o 15 años. El día de la boda, los padres de la novia ofrecían un banquete. Ella se bañaba, se lavaba el cabello y se colocaba su atuendo nupcial. Cuando oscurecía, el cortejo matrimonial se encaminaba hacia la casa del novio, mujeres con antorchas iluminaban el camino y la anciana casamentera cargaba a la novia sobre su espalda. Una vez que llegaban, la casamentera "los ataba": amarraba literalmente la manta del hombre al huipil de la mujer.

El matrimonio era importante en la sociedad azteca y un hombre soltero no podía convertirse en ciudadano. A los hombres se les permitía tener el número de concubinas que pudieran mantener. Los matrimonios eran arreglados por los padres, quienes tomaban decisiones en torno a futuras parejas cuando sus hijos aún eran pequeños. Una mujer mayor hacía las veces de intermediaria, buscando el permiso de los padres de la joven para la unión propuesta. Después del matrimonio, las funciones para el hombre y para la mujer eran muy claras. El hombre construía la casa y ganaba el sustento. Su padre lo aconsejaba: "No seas holgazán, pues entonces no podrás mantener a tu esposa e hijos". El trabajo de la esposa era administrar el hogar. Las madres aztecas decían a sus hijas: "Obedece a tu esposo con gusto. No te burles de él ni te impacientes, pues ofenderás a la diosa Xochiquetzal".

XOCHIQUETZAL

Xochiquetzal era la diosa de la belleza, del amor y del cempasúchil (que representaban los ciclos de vida y muerte), aunque castigaba con furúnculos a quien la ofendía. Las historias aztecas narraban la tragedia que ocurrió cuando Xochiquetzal perdió su virginidad y, como consecuencia, fue expulsada del cielo. Consternada, pasaba todo el tiempo mirando hacia el cielo y se volvió ciega de tanto llorar (los aztecas creían que por esa razón no se puede mirar directamente al Sol). En la vida real, si una joven no era virgen cuando contraía matrimonio, la boda podía ser anulada y la familia de la joven era deshonrada.

PAREJAS CASADAS

Las mujeres tenían funciones distintas de las de los hombres, pero no se les consideraba inferiores. Los hombres pasaban gran parte del año trabajando lejos del hogar y durante ese periodo sus esposas se encontraban a cargo de la casa. Una mujer podía divorciarse de un hombre que la abandonara o que fuera violento y la ley le concedía la mitad de su tierra y pertenencias. Aunque los matrimonios eran arreglados, con el paso del tiempo la mayoría de las parejas llegaba a desarrollar amor mutuo y era feliz. La ilustración muestra a los esposos almacenando maíz.

MUJERES AZTECAS

Las aztecas limpiaban la casa, preparaban los alimentos, hilaban la tela y cuidaban a los niños. Barrer se consideraba una actividad fundamental dentro de los deberes religiosos: las aztecas creían que eso ayudaba a los dioses a purificar el mundo. Los patriarcas aconsejaban a la novia el día de la boda: "Ocúpate de barrer. Levántate en medio de la noche para cuidar de la casa".

NUEVOS ARRIBOS

Las parejas aztecas deseaban tener hijos y un matrimonio estéril por lo general terminaba en divorcio. Durante el nacimiento, la partera repetía gritos de batalla, lo cual simbolizaba a la madre "peleando" por traer el niño al mundo. Se consultaba con astrólogos para que pronosticaran el futuro del niño, basándose en su fecha de nacimiento. En el momento en que la partera cortaba el cordón umbilical, le dirigía un discurso al nuevo bebé. Si era niño, le decía que debía ser un gran guerrero que alimentara al Sol con la sangre de sus enemigos. A la niña le indicaba que debía dedicar su vida a realizar las labores domésticas.

LOS NIÑOS Y LAS NIÑAS

L a ley exigía que cada calpulli, o barrio, construyera escuelas para los adolescentes. A las niñas se les enseñaba a cantar y bailar durante festivales religiosos, mientras que los niños ayudaban con el trabajo de construcción y se entrenaban para convertirse en soldados. Los hijos de los nobles eran enviados a la escuela superior conocida como *calmecac*, en donde recibían enseñanzas acerca de la guerra y la religión, pero también estudiaban historia, medicina, matemáticas, el calendario, astrología y leyes. Había estrictas reglas de conducta y los castigos eran severos. Los jóvenes borrachos o libidinosos eran ejecutados con flechas o lanzados vivos al fuego. Se esperaba que las niñas aztecas mostraran gran recato y tenían que mirar hacia el suelo en todo momento. La educación azteca acentuaba el sacrificio y la abnegación. Todos los aztecas eran aleccionados para pensar igual, concentrar su atención en el bien público.

CASTIGOS

Los niños aztecas eran castigados con mucha severidad. Este padre sostiene a su hijo sobre una fogata y lo obliga a respirar el humo de chiles quemados. La vírgula frente a la boca del hombre indica que el niño escucha un largo sermón mientras recibe su castigo.

SÍMBOLOS

El Códice Mendocino es una serie de dibujos de las costumbres nativas y de los tributos que entregaban los pueblos sometidos por Tenochtitlan. Fue recopilado por órdenes del virrey de España después de la conquista. A continuación se muestran los símbolos que proporcionaban información útil de los temas tratados. Los puntos rojos indican la edad del niño, mientras que los círculos amarillos señalan cuántas tortillas podía comer un niño por día. Esto determinaba la madurez del niño.

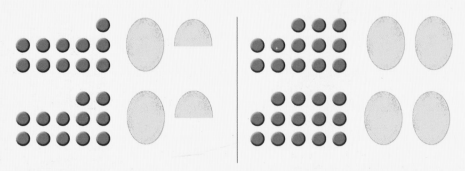

EDUCACIÓN DEL NIÑO

La educación de los niños aztecas se centraba en enseñarles tácticas de cacería que les servirían en el futuro. También necesitaban manejar botes y canoas para ir a trabajar a las chinampas.

El hijo desobediente, de 12 años de edad, era atado de pies y manos y acostado sobre un charco de lodo en la calle.

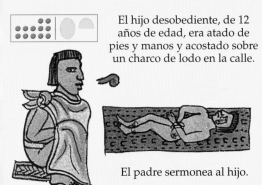

El padre sermonea al hijo.

Aquí, un campesino le enseña a su hijo de 13 años la manera de cargar fardos y cómo conducir una canoa.

Éstas eran las habilidades indispensables de un campesino que trabajara en las chinampas.

Esta imagen muestra a un campesino enseñando a su hijo de 14 años la manera de pescar.

A esta edad, el joven comería dos tortillas diarias, por lo que era importante que se ganara su sustento.

EDUCACIÓN DE LA NIÑA

La mayor parte de la educación de las niñas aztecas tenía lugar en la casa. Desde muy pequeña, una niña aprendía las habilidades fundamentales que utilizaría de forma cotidiana cuando, en el futuro, se desempeñara como ama de casa.

A los 12 años de edad, la hija aprendía a moler el maíz y hacer tortillas; ése sería el primer trabajo que realizaría cada mañana cuando se convirtiera en madre.

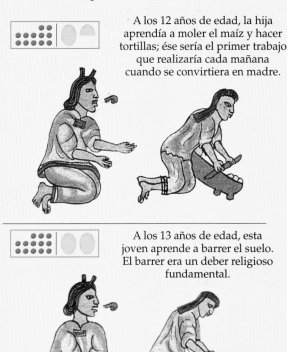

A los 13 años de edad, esta joven aprende a barrer el suelo. El barrer era un deber religioso fundamental.

Las mujeres aztecas creían que cuando barrían, ayudaban a los dioses a purificar el mundo.

En el imperio azteca, el arte de tejer era labor de la mujer. Aquí, la madre le enseña a la joven de 14 años cómo usar un telar sujetado al cuerpo.

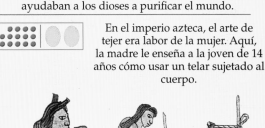

Ha atado un extremo a la pared y se ha sujetado el otro por detrás de su cuerpo. Moviéndose hacia delante y hacia atrás, puede aflojar o apretar los hilos.

GUERRA Y ARMAMENTO

l azteca era un pueblo feroz, militar, que glorificaba la guerra, como revela este poema: "No hay nada como la muerte durante la guerra, tan valiosa para el Dador de la Vida. Lo puedo ver: ¡mi corazón lo anhela!" La expansión del imperio azteca dependía de la guerra. Su historia narraba que Huitzilopochtli, dios de la guerra, había dicho a los aztecas que partieran de Aztlán y conquistaran otras tierras. La economía y la riqueza del imperio dependían de los tributos de las ciudades conquistadas. Sobre todo, los aztecas creían que los dioses necesitaban un suministro constante de sangre de los sacrificios para evitar la destrucción del mundo, y las guerras eran una buena forma de proveerse de víctimas.

UNA CEREMONIA MORTAL

Los aztecas se lanzaban a la guerra no sólo para someter a otros pueblos y cobrar tributos, sino también para obtener cautivos para el sacrificio. En la ceremonia que muestra la ilustración, a los prisioneros se les hacía bailar toda la noche, y por la mañana eran quemados en la hoguera.

VESTIDOS PARA MATAR

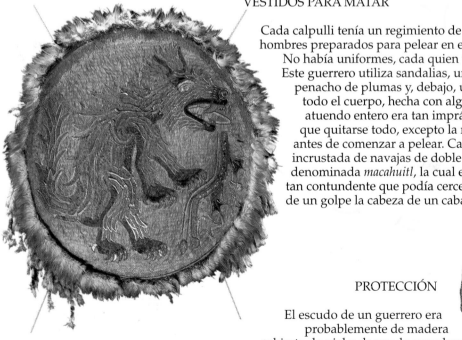

Cada calpulli tenía un regimiento de hombres preparados para pelear en el ejército. No había uniformes, cada quien vestía como quería. Este guerrero utiliza sandalias, una falda colorida, un penacho de plumas y, debajo, una malla que cubría todo el cuerpo, hecha con algodón acojinado. El atuendo entero era tan impráctico que quizá tuviese que quitarse todo, excepto la malla y las sandalias, antes de comenzar a pelear. Carga una ancha macana incrustada de navajas de doble filo denominada *macahuitl*, la cual era tan contundente que podía cercenar de un golpe la cabeza de un caballo.

PROTECCIÓN

El escudo de un guerrero era probablemente de madera cubierta de piel y decorada con plumas adheridas con pegamento de estiércol de murciélago. Quizá sólo proporcionaba escasa protección durante la batalla.

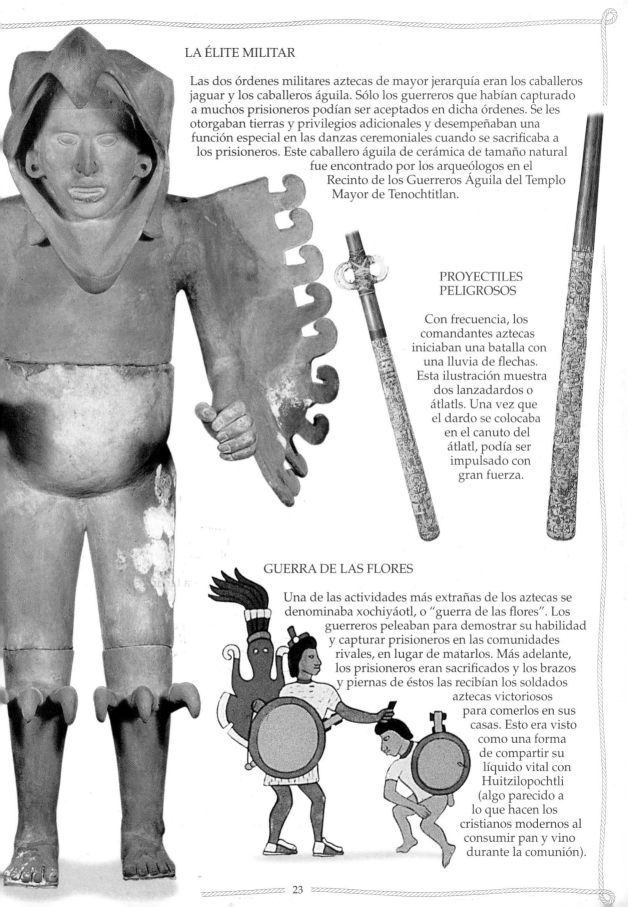

LA ÉLITE MILITAR

Las dos órdenes militares aztecas de mayor jerarquía eran los caballeros jaguar y los caballeros águila. Sólo los guerreros que habían capturado a muchos prisioneros podían ser aceptados en dicha órdenes. Se les otorgaban tierras y privilegios adicionales y desempeñaban una función especial en las danzas ceremoniales cuando se sacrificaba a los prisioneros. Este caballero águila de cerámica de tamaño natural fue encontrado por los arqueólogos en el Recinto de los Guerreros Águila del Templo Mayor de Tenochtitlan.

PROYECTILES PELIGROSOS

Con frecuencia, los comandantes aztecas iniciaban una batalla con una lluvia de flechas. Esta ilustración muestra dos lanzadardos o átlatls. Una vez que el dardo se colocaba en el canuto del átlatl, podía ser impulsado con gran fuerza.

GUERRA DE LAS FLORES

Una de las actividades más extrañas de los aztecas se denominaba xochiyáotl, o "guerra de las flores". Los guerreros peleaban para demostrar su habilidad y capturar prisioneros en las comunidades rivales, en lugar de matarlos. Más adelante, los prisioneros eran sacrificados y los brazos y piernas de éstos las recibían los soldados aztecas victoriosos para comerlos en sus casas. Esto era visto como una forma de compartir su líquido vital con Huitzilopochtli (algo parecido a lo que hacen los cristianos modernos al consumir pan y vino durante la comunión).

COMERCIO Y VIAJES

A los aztecas les encantaba ir al mercado (tianguis); 60 000 personas acudían diariamente al gran mercado de Tlatelolco (situado dentro de Tenochtitlan). Uno de los sacerdotes españoles escribió que, "si se le diera la opción de ir al mercado o ir al cielo, el ama de casa azteca común elegiría el cielo, ¡pero pediría permiso para ir primero al mercado!" Los aztecas practicaban el trueque muy ampliamente y sus comerciantes (pochteca) pertenecían a una clase separada dentro de la sociedad azteca, cada uno dueño de su propio calpulli, como una serie de gremios. También tenían su propio dios, Yacatecuhtli, cuyo símbolo, por cierto muy apropiado, era un bastón de palo negro. Pero los pochteca aztecas no buscaban ascender en la escala social como sucede en la actualidad. Debían mantener su lugar dentro de la sociedad azteca de la misma manera que los macehualtin.

DINERO DE GRANO

Los aztecas conocían cuatro variedades de cacao. Tres de ellas se empleaban como moneda (aunque algunos estafadores elaboraban falsificaciones hechas de cera o masa), y con la cuarta se elaboraba una bebida: el chocolate (véanse las páginas 8 y 9). Después de tostar y moler las semillas de cacao, el polvo resultante se disolvía en agua y la mezcla se batía con un palo especial para producir espuma.

COMPRAS AZTECAS

Esta imagen muestra un mercado azteca (tianguis) en Tlaxcala. Mercancías tales como carne, vegetales, hierbas, entre otras cosas, eran colocadas en pasillos diferentes. Los clientes no sólo podían comprar productos de las chinampas (véase la página 9), sino también otros alimentos, como perros, iguanas y pavos salvajes de los valles, así como ostiones, cangrejos y tortugas de la costa. También podían comprar otras cosas, desde algodón y esclavos hasta conchas y oro. Los aztecas vendían por cantidad más que por peso. Los comerciantes y los clientes por lo general hacían trueques de mercancía, de modo que el tianguis debió haberse encontrado lleno de ruido y discusiones. Los inspectores gubernamentales se aseguraban que las mercancías se encontraran expuestas correctamente y castigaban los engaños.

TRANSPORTACIÓN DE LA ARISTOCRACIA

Los aztecas no tenían caballos, de modo que una forma común de transporte era la litera. Aquí, un hombre ataviado como el dios Xochipilli es conducido en una litera durante una procesión religiosa, pero los nobles y ricos también usaban este tipo de transporte.

CARGADOR

Las expediciones comerciales eran actividades peligrosas. Los pochteca eran las únicas personas que podían cruzar las fronteras para ir a otros estados, pues el gobierno los usaba como espías. Los mercaderes iban armados y, en ocasiones, terminaban peleando con la gente con quien habían ido a comerciar. Para transportar los productos los aztecas utilizaban cargadores, quienes, como se aprecia en la figurilla, utilizaban correas en la cabeza en lugar de mochilas para llevar la carga. Antes de partir, los pochteca se reunían y hacían ofrendas a los dioses a cambio de mantenerlos sanos y salvos.

CANOAS

Es probable que los aztecas no hayan utilizado vehículos con ruedas, aunque algunos historiadores no concuerdan con esta teoría. Por tanto, las canoas eran esenciales para cargar mercancías pesadas hacia el interior de Tenochtitlan y alrededor de los canales formados por las "calles" principales de la ciudad. La destrucción de las canoas de los comerciantes se consideraba una declaración de guerra. Después de una expedición, los pochteca introducían de contrabando sus mercancías secretamente en la ciudad durante la noche. Dado que los plebeyos aztecas no podían presumir su riqueza, los comerciantes usaban ropa sencilla y mantenían en secreto el monto de su fortuna.

Iguana, lagartija

Serpiente

Águila

Conejo

Agua

Perro

Mono

Hierba (muerta)

Caña

Jaguar

CIENCIA Y TECNOLOGÍA

*L*os aztecas no contaban con algo que, según los parámetros modernos, pudiera reconocerse como ciencia. Su tecnología no era tan avanzada como la de los antiguos egipcios y al no contar con alfabeto, usaban símbolos pictóricos denominados glifos (como se muestra a la izquierda y a la derecha). Sin embargo, la belleza de sus creaciones era fascinante. Uno de los primeros españoles en arribar a Tenochtitlan exclamó con entusiasmo: "Es como los encantamientos de los que hablaban las viejas leyendas". Muchos historiadores atribuyen el éxito de los aztecas al hecho de que aprendían a usar herramientas sencillas con gran habilidad.

ALFARERÍA AZTECA

Los alfareros aztecas no usaban el torno; en su lugar, apilaban capas de arcilla enrollada y luego le daban forma a la vasija con los dedos. Desconocían el glaseado; la mayor parte de la alfarería elaborada durante la época de Moctezuma tenía diseños negros pintados directamente sobre la superficie de la arcilla. Sin embargo, los aztecas ricos preferían usar cerámica elaborada por el pueblo no azteca de Cholula, ciudad a 160 kilómetros al este de Tenochtitlan. La alfarería de Cholula era multicolor e incluía dibujos de plumas, cuchillos y cráneos.

MAGIA ANIMAL

Los lapidarios y orfebres aztecas elaboraban joyería y estatuillas religiosas de alabastro, jade, turquesa y obsidiana. Los artesanos de Tenochtitlan convencieron a Moctezuma de que declarara la guerra a ciertas ciudades, con el fin de aumentar los suministros de arena de esmeril que usaban para pulir las piedras. Los aztecas amaban la naturaleza y los animales eran un tema favorito para sus tallas, como este hermoso vaso en forma de liebre.

PIEDRA DEL CALENDARIO

Los aztecas no tenían una explicación científica de la creación del mundo. Creían que habían existido cuatro "mundos" fallidos antes de la época actual y que, uno por uno, los dioses Tezcatlipoca, Quetzalcóatl, Tláloc y Chalchiuhtlicue alguna vez se habían convertido en el Sol, pero que habían sido destruidos. Los aztecas creían que estaban viviendo en el "quinto sol". Este enorme calendario de piedra de 24 toneladas (izquierda), de 3.5 metros de diámetro, exhibe el quinto sol, Tonatiuh, en el centro. Los cuatro cuadrados en el centro muestran los cuatro soles "fallidos". El aro interno contiene glifos que representan los 20 días del calendario sagrado y contoneándose detrás se encuentran dos serpientes de fuego, cuyas cabezas se encuentran en la parte inferior del círculo.

MÉTODO DE LA CERA PERDIDA

La orfebrería en oro se elaboraba usando una técnica especial denominada método de la "cera perdida". Primero, se creaba un modelo con carbón y se le cubría con cera de abeja. Luego, el modelo se cubría con una pasta de carbón y arcilla. Cuando el metal fundido era vertido dentro del molde, la cera se derretía y el metal fluía dentro del espacio en la forma deseada.

CEREMONIA DEL FUEGO NUEVO

Los aztecas usaban el año solar de 365 ½ días, pero para los rituales religiosos utilizaban un calendario sagrado de 260 días. Cada 52 años los calendarios coincidían y los aztecas creían que esto acarreaba el peligro de que el mundo llegara a su fin. Cinco días antes del término del ciclo, todos comenzaban a apagar sus fogatas, limpiaban sus hogares, desechaban su ropa vieja y rompían todas sus vasijas. En la quinta noche, la gente y los sacerdotes marchaban hacia el Cerro de la Estrella y sacrificaban a una víctima encendiendo fuego en su pecho y quemando su corazón. Los aztecas creían que estas acciones salvaban al mundo de la destrucción.

EL CALENDARIO SAGRADO

Zopilote

Pedernal

Flor

Casa

Lluvia

Movimiento, terremoto

Cocodrilo o monstruo acuático

Viento

Muerte

Venado

RELIGIÓN

Cuatro días después de nacer un infante, se llevaba a cabo la ceremonia de imposición de nombre. Como era costumbre entre la sociedad azteca, los invitados ofrecían largos discursos al recién nacido. Con frecuencia, estos discursos eran deprimentes: "Vas a ver y conocer y sentir el dolor, las penas y el sufrimiento. Esta tierra es un lugar de tormento y trabajo arduo". Los aztecas creían que tanto las mujeres que morían durante el parto como los grandes guerreros se convertían en dioses que ayudaban al Sol a cruzar el cielo. Las personas que morían de alguna enfermedad o como consecuencia de un accidente iban a la tierra de Tláloc, un paraíso en donde siempre era primavera. Todos los demás debían someterse a tormentos en su camino hacia Mictlán (el lugar de los muertos), en donde sus almas eran destruidas.

EL GRAN TEMPLO

En el centro de Tenochtitlan se encontraba un templo enorme denominado Templo Mayor. Creció y creció hasta que finalmente alcanzó siete veces su tamaño original; hacia el tiempo en que Moctezuma ascendió al poder, medía de base 90 por 70 metros y 30 metros de altura.

DESOLLADOS VIVOS

Los dioses aztecas, como la naturaleza, ayudaban y lastimaban a las personas de forma arbitraria. Xipe Totec, el dios desollado, es un ejemplo. Era el dios de la fertilidad, de las flores y de la vida, pero también causaba enfermedades de la piel y problemas de la vista. En sacrificio a este dios, los sacerdotes mataban a las víctimas lanzándoles flechas. Posteriormente, vestían las pieles desolladas de las víctimas para simbolizar las nuevas plantas que cubrían el suelo en la primavera.

LA PIEDRA DE COYOLXAUHQUI

Según la leyenda azteca, cuando Coatlicue dio a luz a Huitzilopochtli, su hija mayor, Coyolxauhqui, escaló la montaña sagrada para intentar asesinar a su madre. Huitzilopochtli saltó del útero de su madre, descuartizó a su hermana y la lanzó desde la montaña. Esta piedra, encontrada por arqueólogos al pie de las escaleras del Templo Mayor, muestra el cuerpo desmembrado. Esta leyenda explica por qué, después de la mayoría de los sacrificios, los cuerpos de las víctimas eran lanzados escaleras abajo en el templo.

SACERDOTES DE LA MUERTE

Los sacerdotes aztecas usaban capas negras y se dejaban crecer las uñas y el cabello. Éste se encontraba apelmazado con sangre; y ellos olían a carne podrida. Su obligación era asegurarse de que todas las ceremonias y sacrificios se llevaran a cabo correctamente. Algunos también impartían enseñanzas a los jóvenes aristócratas en el calmecac (véase la página 20). Otros eran escribanos o astrónomos. Los sacerdotes aztecas eran solteros y se esperaba que vivieran castamente.

REGALOS PARA LA NATURALEZA

Según los aztecas, la naturaleza daba vida a la humanidad, pero la humanidad debía devolver vida a la naturaleza. Creían que los sacrificios eran necesarios para hacer que el Sol volviera a nacer, el sacrificio era una "retribución" que alimentaba a los dioses. Una gran cantidad de víctimas fue asesinada; se dice que en una sola ceremonia fueron sacrificadas 80 400 personas.

RITOS DE SACRIFICIO

Esta imagen muestra un sacrificio azteca. Los aztecas sacrificaban gente en muchas maneras diferentes. En un rito, un hombre joven personificaba al dios Tezcatlipoca durante un año, recibía todo aquello que deseara, incluyendo cuatro hermosas chicas como esposas, pero al final del año era sacrificado. En otra ocasión, se lanzaba aún vivos a los prisioneros a una hoguera, pero antes de que murieran, eran sacados del fuego para arrancarles el corazón. Al final de otra ceremonia, la gente llevaba a casa carne de la víctima y la guisaba como estofado para comerla.

LEGADO DEL PASADO

Algunos podrían argumentar que Hernán Cortés, el español que encabezó la conquista de los aztecas, destruyó una de las civilizaciones más extraordinarias del mundo. Los aztecas eran guerreros audaces y grandes constructores que crearon un imperio sólo superado en tamaño por el inca de Perú. Su sociedad se encontraba muy bien organizada y estratificada, y tenían redes comerciales muy amplias. Sin embargo, también eran conquistadores que robaban herencia e ideas a los pueblos que sometían. Su tecnología era rudimentaria, aterrorizaban a las ciudades circunvecinas y sacrificaban víctimas a gran escala. Aunque los españoles se dieron a la tarea de erradicar gran parte de su legado, aún es posible detectar costumbres aztecas en sus descendientes modernos, los náhuatls, desde el tipo de vivienda hasta sus ritos.

CASAS HISTÓRICAS

Muchos descendientes de aztecas aún viven en casas muy parecidas a las cabañas con techos de paja y paredes de adobe construidas por sus antepasados. Todavía cocinan como antaño y elaboran artesanías tradicionales. Más de un millón de personas hablan náhuatl, idioma de los aztecas. El 95 % de los mexicanos modernos tiene alguna porción de sangre azteca en sus venas.

PIRÁMIDES

Las pirámides de Teotihuacan, construidas siete siglos antes del esplendor de Tenochtitlan, fueron una fuente de gran inspiración para los aztecas, quienes copiaron su construcción escalonada. Más que pirámides, son construcciones en taludes superpuestos que no terminan en tablero y sobre ellas se colocaba el templo del dios a que estaba dedicada. En la imagen se muestra la pirámide de la Luna.

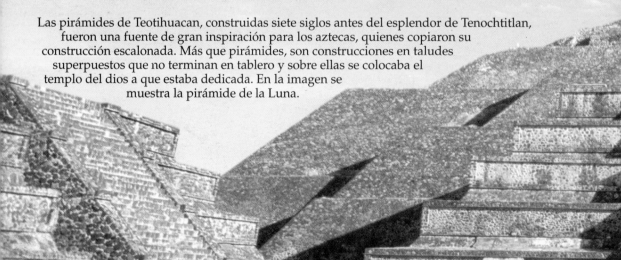

LA DESAPARICIÓN DE LOS AZTECAS

Un viernes santo de 1519, Hernán Cortés y 600 españoles desembarcaron en la costa de México. Sólo tres años después, el imperio azteca se rindió ante ellos y la ciudad de Tenochtitlan quedó en ruinas. Las armas y estrategias de guerra aztecas no estaban a la altura de las de los españoles, quienes recibieron ayuda de los numerosos enemigos de los aztecas. Y cuando, a pesar de todos los sacrificios, los aztecas fueron vencidos por los españoles, su ánimo se vino abajo; su éxito y confianza dependía de su convencimiento de que los dioses los apoyaban. Un poema azteca se lamenta:

Nada queda en México
más que flores y cantos de tristeza.

Nos han aplastado en el suelo,
yacemos entre ruinas.

¿Os habéis cansado de vuestros vasallos?
¿Estás enojado con tus súbditos,
oh Dador de la vida?

UNA NUEVA RELIGIÓN

Los españoles destruyeron rápidamente la religión azteca y diseminaron el mensaje del cristianismo. Muchos aztecas aceptaron adorar a un dios que no requería de sacrificios constantes, sino que, por el contrario, había sacrificado su vida a cambio de la vida eterna de la humanidad. Hoy día, muchos náhuatls (descendientes de los aztecas) son cristianos devotos. Sin embargo, aún existen algunos náhuatls que desean retomar su antigua religión y, en ceremonias modernas, subsisten rastros de los viejos dioses. Por ejemplo, los náhuatls aún dispersan pétalos de cempasúchil el día de muertos (2 de noviembre), aunque lo hacen para celebrar el rito cristiano de Todos los Santos, no para honrar a Xochiquetzal.

DIOSES AZTECAS MÁS POPULARES

Chalchiuhtlicue (diosa del agua limpia y del alumbramiento)

Chicomecóatl (diosa de las semillas)

Coatlicue (dama de la falda de serpiente)

Coyolxauhqui (diosa de la Luna)

Huitzilopochtli (dios de la guerra)

Ixtlilton (ayudante de Huitzilopochtli)

Macuilxóchitl (dios de las plantas y de la diversión)

Mictlantecuhtli (señor de los muertos)

Quetzalcóatl (serpiente emplumada, dios de los sacerdotes, creador)

Tezcatlipoca (dador y aniquilador de la vida)

Tláloc (dios del agua y de la lluvia)

Tonatiuh (dios del Sol)

Xilonen (diosa del maíz)

Xipe Totec (dios de la primavera y de los orfebres)

Xochipilli (dios de la música, danza, poesía y de las flores)

Xochiquetzal (diosa de la belleza, del amor y del cempasúchil)

Yacatecuhtli (dios de los viajeros)

RECONOCIMIENTOS

Agradecemos a David Drew y a Elizabeth Wiggans por su colaboración.

Créditos a fotografías e ilustraciones: s = superior, i = inferior, c = centro, iz = izquierda, d = derecha, p = portada, pi = portada interior.

AKG: 2-3c, p, 2siz, 8c, 8-9ci, 11ciz, 14siz, 16iiz, 17s, 19c, 22iiz. Ancient Art and Architecture: 7id, 12siz, 18-19c, 29ciz. Ann Ronan @ Image Select: 13sd. Asia: 10ciz. Corbis: 30-31c y p. Elizabeth Baquedane: 9d, 14i, 18siz, 21id, 22-23c y p, 24s, 24siz, 28c, 31cd. De archivo: pi-1, 2iiz, 3ic, 3id, 5id, 5sd, 6-7c, 7sd, 8iiz, 9s, 10id, 11id, 12siz, 13id y p, 15siz, 16siz, 17ciz, 19s, 24-25 y 32, 28-29c, 31cs. Image Select: 4c, 5id, 20-21 todas. Planet Earth Pictures: 27c. Spectrum Colour Library: 8siz. Nick Saunders, Barbara Heller @ Werner Forman: 10ciz. Werner Forman: 5c y 29id, 6i, 10siz, 12cs, 12-13siz, 23cd, 24d, 26siz y p, 26i, 26-27c y p, 28iiz y p, 30ciz.

Se ha hecho todo el esfuerzo posible para localizar a los poseedores de los derechos y pedimos disculpas anticipadamente por cualquier omisión involuntaria.
Nos complacería insertar el reconocimiento correspondiente en cualquier edición subsiguiente a esta publicación.